Género Texto Expositivo

¿? Pregunta esencial

¿Qué hace que un evento histórico sea único?

De ruedas a alas:

Cómo Wilbur y Orville Wright cambiaron la forma en que nos movemos

Susan Sklar

Introducción

En el pasado, viajar a través de Estados Unidos era muy diferente. A principios de 1800, se tardaba unos seis meses en viajar de Nueva York a California. La gente viajaba en vehículos llamados carretas. El trayecto era largo y difícil. Setenta años después, los descendientes de esos viajeros viajaban en trenes por todo el país. El recorrido duraba unos tres días y medio.

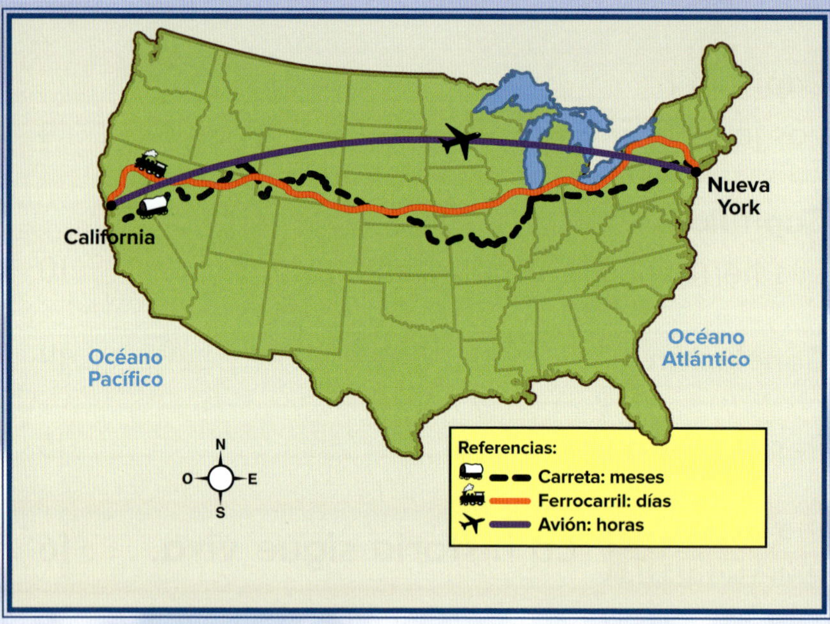

Antes de la invención del avión, viajar a través del país era largo y difícil.

Hoy, la transportación es mucho más rápida. La gente puede volar de Nueva York a California en aproximadamente seis horas. Podemos agradecer a Wilbur y Orville Wright por este logro. Los hermanos trabajaron juntos para cambiar la forma en que viajamos.

Los hermanos Wright construyeron el primer avión a motor en 1903.

Capítulo 1: Los jóvenes inventores

Wilbur y Orville Wright crecieron en Dayton, Ohio. Wilbur nació el 16 de abril de 1867. Orville nació el 19 de agosto de 1871.

A los hermanos siempre les interesó cómo funcionaban las cosas. Les gustaba leer sobre mecánica. Wilbur y Orville **experimentaron** con cometas. ¡Incluso hicieron sus propias cometas!

¡Haz tu propia cometa!

Materiales: papel, regla, lápiz, engrapadora, cuerda

1. Dobla una hoja de papel por la mitad del lado más largo.

2. Marca un punto sobre el doblez a unas 2 pulgadas del extremo. Luego marca otro punto a 2 pulgadas del anterior.

Un día, los hermanos recibieron un juguete especial. Parecía un pequeño helicóptero. Tenía una **hélice** unida a una liga de goma. Cuando hicieron girar la hélice, la liga se enrolló. Cuando la soltaron, la liga se desenrolló. Esto hizo que la hélice girara.

El helicóptero se elevó en el aire. Los niños estaban muy emocionados. El entusiasmo por volar les duró toda la vida.

3 Dobla una esquina hasta el primer punto que marcaste. Haz lo mismo con la del otro lado. Engrapa las esquinas juntas en ese punto.

4 Haz un agujero por el segundo punto que dibujaste. Pasa una cuerda larga a través de él. Haz un nudo o coloca cinta adhesiva.

Los hermanos eran muy cercanos. Pero eran muy diferentes. A Wilbur le interesaba estudiar. Era un estudiante bueno y agradable. El estudio era muy placentero para él. Siempre obtenía buenas calificaciones.

Wilbur Wright en 1905

Cuando tenía dieciocho años, se lastimó mientras jugaba al hockey. Tuvo que dejar la escuela y quedarse en casa. Pero siguió estudiando. Leía muchos libros de la biblioteca de su padre.

Los hermanos publicaron "West Side News", un periódico semanal para su comunidad.

Orville era inteligente y tenía muchas ideas. A mediados de la década de 1880, Orville se interesó por la impresión. Su padre apreciaba su interés y lo ayudó a comenzar un pequeño negocio de impresión. Imprimía tarjetas y documentos cortos.

Orville Wright en 1905

Pronto Orville quiso hacer trabajos más grandes. Necesitaba una máquina de impresión más grande, o una imprenta. Entonces, Orville y Wilbur diseñaron y construyeron una imprenta.

Los hermanos Wright abrieron un taller de bicicletas en 1893.

En 1887, las bicicletas eran muy populares en Estados Unidos. Su popularidad aumentó en la década de 1890 por la explosión demográfica. En 1893, Orville y Wilbur abrieron un pequeño taller de bicicletas. Sus amigos sabían que los hermanos eran buenos para arreglar artefactos mecánicos. Les llevaban sus bicicletas al taller para repararlas. Pronto Orville y Wilbur hicieron sus propias bicicletas. Diseñaron y construyeron las bicicletas "Van Cleve" y "St. Clair".

Los hermanos Wright mejoraron el diseño de la bicicleta. En el 1900, los pedales de las bicicletas con frecuencia se desatornillaban y se caían. Los hermanos Wright diseñaron una nueva manera de atornillar los pedales en la bicicleta para que no se cayeran. Muchas bicicletas siguen usando este sistema en la actualidad.

Los hermanos Wright en su taller.

AHORA COMPRUEBA

¿A qué se dedicaban los hermanos Wright antes de diseñar el aeroplano?

Capítulo 2: Los hermanos levantan vuelo

A finales de 1800, muchos inventores estaban experimentando con máquinas voladoras, como **planeadores**. A Wilbur y Orville siempre les interesaron las máquinas voladoras. Siempre recordaban su helicóptero de juguete. Comenzaron a estudiar **aviación**. Querían diseñar y construir un planeador.

Wilbur y Orville eran un equipo perfecto. Wilbur pensaba en nuevas ideas. Orville usaba las ideas de su hermano para construir cosas. Los hermanos experimentaron con diseños para planeadores. Estudiaron todos los recursos, como las alas de los pájaros para obtener ideas. Finalmente, estaban listos para probar su primer planeador.

Los hermanos buscaban el lugar perfecto para su prueba. Necesitaban fuertes vientos para que el planeador vuele. Buscaban un lugar arenoso porque aterrizar en la arena es más seguro. Y querían un lugar con una población pequeña. No querían que mucha gente observara sus experimentos. Eligieron Kitty Hawk, Carolina del Norte.

Los primeros planeadores

Un planeador es un avión que no tiene motor. El viento y el movimiento del aire sobre sus alas mantienen al planeador en el aire. Los planeadores no pueden elevarse en el aire por sí mismos. Son arrastrados al aire por un avión a motor.

1865 — 1875 — 1885

1867
Nace Wilbur Wright.

1871
Nace Orville Wright.

1878
Su padre les compra un helicóptero de juguete.

1883
Abren un taller de bicicletas.

Pioneros del vuelo Arriba están las fechas importantes en la vida de los hermanos Wright.

En 1901 y 1902, los hermanos probaron su planeador en Kitty Hawk. El primer vuelo solo duró unos segundos. El segundo duró un poco más.

Pronto, los hermanos quisieron diseñar un avión a motor. Agregaron un motor y hélices al planeador. Esto lo transformó en un avión.

1895 — 1905 — 1910

1901-1902
Prueban su primer planeador en Kitty Hawk.

1903
Vuelan con éxito su primer avión a motor.

1909
Reciben la Medalla de Honor del Congreso por su trabajo en aviación.

Los hermanos Wright estaban listos para probar su primer avión en 1903. Su primera prueba falló, pero la segunda tuvo éxito. El avión voló solo 120 pies en 12 segundos. Pero fue el primer avión a motor **dirigido** por un piloto. ¡Los hermanos Wright hicieron historia en los medios de transporte!

AHORA COMPRUEBA

¿Por qué los hermanos Wright eligieron a Kitty Hawk para probar sus máquinas voladoras?

Neil Armstrong tomó esta foto de Buzz Aldrin en la Luna.

Los hermanos Wright en la Luna

En julio de 1969, los astronautas estadounidenses Neil Armstrong y Buzz Aldrin fueron los primeros en llegar a la Luna. Llevaron pequeños trozos del primer avión de los hermanos Wright. Hicieron esto en honor al gran logro de Wilbur y Orville.

Conclusión

Los hermanos Wright continuaron diseñando y construyendo mejores aviones. En 1908, todo el mundo conocía a estos grandes inventores. ¿Por qué tuvieron tanto éxito? Los hermanos siempre trabajaron bien juntos. Les gustaba volar. Tenían grandes ideas. Y sabían cómo hacerlas realidad. Ellos inventaron el avión y cambiaron la forma en que nos movemos.

Respuesta a la lectura

Resumir

Usa palabras, frases y fechas que muestren el orden en el que ocurrieron los sucesos.

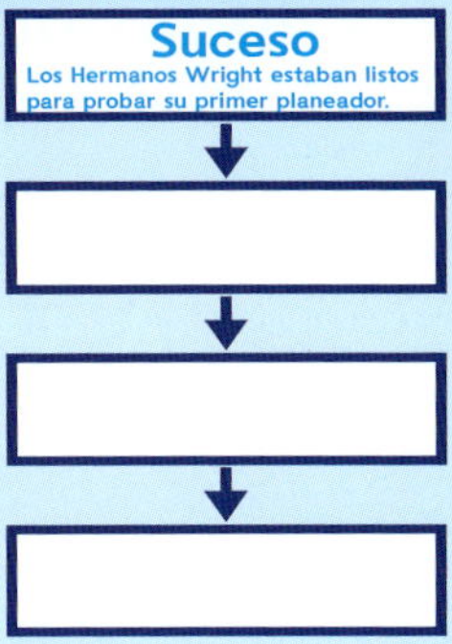

Evidencia en el texto

1. *De ruedas a alas* es un texto expositivo. Halla dos datos que lo demuestren. **GÉNERO**
2. Enumera cinco palabras o frases que muestran el orden en que ocurrieron los sucesos. **SECUENCIA**
3. Un sufijo es la parte que se agrega al final de una palabra. Halla una palabra con sufijo en las páginas 9 y 10. Subraya el sufijo y escribe la definición de la palabra. **SUFIJOS**
4. Escribe un párrafo sobre cómo el avión ha cambiado la vida de las personas. **ESCRIBIR SOBRE LA LECTURA**

Género Texto Expositivo

Compara los textos

Lee sobre un sitio web que revive la historia.

LA HISTORIA SIGUE VIVA

American Memory es un sitio web especial que revive la historia. El sitio fue creado por la Biblioteca del Congreso. En *American Memory* puedes ver cartas y fotografías antiguas.

Puedes leer cartas escritas por un **colono** llamado Uriah. Se las escribía a su esposa Mattie.

Puedes usar internet para aprender historia.

En sus cartas, Uriah escribía sobre la vida en la pradera. Escribió sobre una nevasca muy fuerte y sobre la casa que planeaba construir. Sus cartas nos ayudan a entender cómo era la vida realmente.

Hay muchas fotografías en *American Memory*. Algunas fueron tomadas por un hombre llamado Solomon Butcher. Muestran la historia de la inmigración en las praderas.

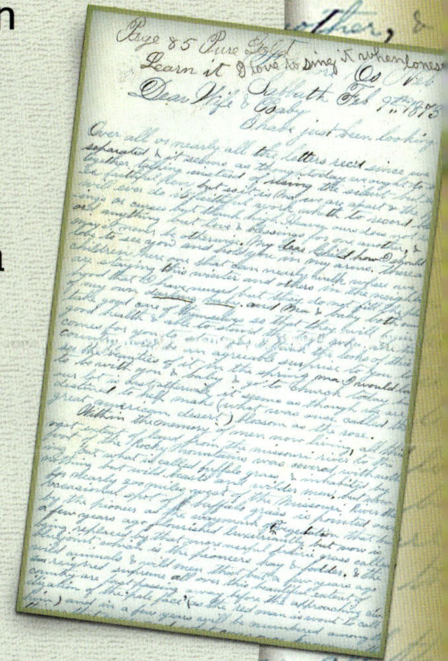

Esta es una de las cartas que Uriah Oblinger le envió a su esposa Mattie.

Las fotografías muestran cómo se vestía la gente. También muestran cómo eran las casas. Nos ayudan a apreciar un estilo de vida que ya no existe.

Tenemos suerte de que alguien haya guardado las cartas de Uriah y las fotografías de Solomon Butcher. Échales un vistazo.

Mary Longfellow era una colona que fue fotografiada por Solomon Butcher.

http://memory.loc.gov/ammem/index.html

Haz conexiones

¿Por qué crees que se escribió el texto *La historia sigue viva*? PREGUNTA ESENCIAL

¿Cómo pueden las cartas y las fotografías mencionadas en *La historia sigue viva* ayudarte a comprender el texto *La vida de los nuevos colonos*? EL TEXTO Y OTROS TEXTOS

Glosario

aterrizar volver a tierra después de un vuelo *(página 10)*

aviación la práctica de dirigir o volar aviones (página 10)

colono persona a la que el gobierno de Estados Unidos le otorgó unas tierras para vivir y cultivar *(página 2)*

dirigir conducir en la dirección en que un objeto, como un automóvil o un avión se mueven *(página 13)*

experimentaron hicieron algo a modo de prueba *(página 4)*

hélice dispositivo con aspas que giran rápidamente *(página 5)*

planeador avión que vuela sin motor *(página 10)*

Índice

Enfoque:

Estudios Sociales

Propósito Aprender sobre otras personas que hicieron contribuciones importantes a la aviación.

Procedimiento

Paso 1 Selecciona una persona que haya logrado algo importante en la aviación.

Paso 2 Escribe un párrafo que describa lo que averiguaste sobre esa persona y lo que hizo.

Paso 3 Intercambia información con otros compañeros.

Paso 4 En un grupo pequeño, hagan una lista de las personas sobre las cuales aprendieron y lo que lograron.